■ 시인의 마을 시인선 ❸⓪

전종문 제3시집

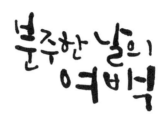

도서출판 한글

서 시 序詩

분주한 날의 여백

사랑하는 이여
사고思考의 영역領域을 축내는
언어를 줄이며 가자

짧다고 여운이 없을까
쉽다고 깊은 맛이 없을까

분주할수록
여유餘裕의 공간은 넓히자

함께 가는 좁은 길
평탄치 않아도
우리의 마음만은 포개고 가자.

목 차

7

제 1 부

당신 한 사람

아침이 열린다

여명黎明의 빗자루가 어둠을 쓸어내고
청소부는 부지런히 거리를 쓴다
여보, 그만 일어나세요
일어나거라, 얘들아
아침을 여는
아내의 목소리

바다 (1)

온갖 세상의 물이란 물, 죄다 흘러들어도
그 마음은 채울 수 없다
웬 배포가 그리도 큰가
탐욕이 넓다

어머니

보고 싶어서
눈을 감으면, 보고 싶어서
가슴 헤집고 들어오는
뭉클한 음성
아픈 데는 없는 겨?

적적해서
눈을 감으면, 적적해서
봄날 유리창 건너오는
햇살 같은 음성
밥은 제 때에 먹는 겨?

넝쿨장미

울타리 타고 벋어가는 넝쿨장미
이어 달리기 하듯 피어나는
붉은 얼굴이 예쁘다
네 얼굴에 스민 어머니 마음
너는 무조건 예쁘다
어머니와 함께 걷던 날
어머니는 너를 보고
참 예쁘다고 하셨다

종이컵

하늘로 입을 열고
다물 줄 모르는 너
목마름을 참고 있구나

단 한 번의 채워짐을 위하여
마음을 비운 너
사모하고 있구나

첫사랑

가슴에 숨겨놓고
몰래 꺼내보는 것
행여 다칠세라
행여 들킬세라
숨죽이고 설레는 마음
가끔씩 어루만져보는
아직도 매끄러운
뭉클한 보석

소금 (1)

넉살도 좋고, 붙임성도 좋아
아무에게나 잘 스며든다
자신을 통째로 주고
그들의 맛을 돋운다

사랑은

사랑은 뜨거운 것, 또한 강한 것
그러나
나를 나약하게 만드는 것
자식의 고집, 이긴 일 있는가
아내의 주장, 꺾은 일 있는가
지기 위해서 사랑하라
지기 때문에 위대한 것
사랑은

수평선

높은 이상과 넓은 아량의
입맞춤

당신 한 사람

당신 한 사람, 없는 집안
텅 비었다

꽉 찼다
당신 한 사람, 있는 집안

부부에게 주는 충고

부부는 무촌
등 돌리면 남남
얼굴 마주보고 누워라

지구를 한 바퀴 돌아와서
겨우 다시 만나려는가

생선 한 손

크고 작은 두 마리 한 묶음
큰놈은 작은놈 끌어안고
작은놈은 큰놈 덕보고

꽃과 열매

화사한 꽃
초라하게 지는 자리에서
열매가 맺히나니

그는 흥하여야 하겠고
나는 쇠하여야 하리니(요3:30)

눈을 감았다, 떴다 하는 이유

눈 감으면 그리운 그 시절
뜨면 눈 부릅뜬 현실

눈 뜨면 즐비한 이웃
감으면 보고 싶은 사람들

감고만 살 수도 없고
뜨고만 살 수도 없고

새로운 시작

끝은 끝도, 절망도 아니다
새로운 시작이다
새해는 12월 31일 다음에 온다

그럼 됐다

네 얼굴에 부끄러움은 끼치지 않을 것이다
적어도 그렇게 살지는 않을 것이다
뜬금없이 그러나 진지하게
어느 날 아버지께서 내게 말씀하셨다

그 말씀 받아서 나도 말씀드렸다
저도 아버지 얼굴에
먹칠하는 삶은 살지 않겠습니다
그럼 됐다
나는 처음 보았다
그렇게 만족해하시는 아버지의 표정

껌

달콤한 맛은 잠시
씹힌 것은 가치가 없다
반드시 버림받는다

제 2 부

살아있구나

세상

산을 오르다 보면
내려오는 사람들을 만납니다

산을 내려오다 보면
오르는 사람들을 만납니다

내려오기 위해서 오르는 걸까
엇갈리는 세상입니다

꽃과 사람(1)

사람이 제아무리 예쁘다 한들
한 송이 꽃만 하랴

꽃이 제아무리 예쁘다 한들
한 사람, 사람만 하랴

꽃과 사람(2)

꽃은 저도 다시 피는데
왜 한 번 가면 다시 못 오냐고
아쉬워하는 이여
좋은 데 가서 왜 다시 오겠는가
떠날 준비나 하세

풀에게 주는 충고

그 밑에서 살며 자랄지라도
너는 절대로 나무가 될 수 없다
나무가 아니라고 서러워 말라
나무도 절대로 네가 될 수 없다

인생

꽃이 필 때, 벌써 지는 꽃도 있습니다
꽃이 질 때, 이제 피는 꽃도 있습니다
왜 피고, 지는지는 말하지 않습니다

아쉬워 말자

핀 꽃은 지기 마련
화사한 봄도 떠나기 마련
사람아, 아쉬워 말자
그래도
자기 본분은 다하고 가지 않는가

고갯길

누군가, 걸어갔기에 만들어진 길
나와 같은 생각으로
나와 같은 방향으로
꼭 그 길을 가야 했던
그분들의 고갯길
나보다 먼저 걸어간 사람들이 있었다
나만 가는 길이 아니다

바쁜 직장인

집에 좀 다녀오겠습니다
퇴근하면서

살아 있구나

물살에 떠내려가지 않고
오히려 치고 오르는 너는
살아 있구나
바다는 네 세상
마음껏 헤엄치며 누벼라
에워싼 소금물을 마시면서도
절여지지 않은 너는
분명 살아 있구나

번호에 묶인 인생

회원이면 회원 번호
등록하면 등록 번호
살아 있으면 주민등록 번호

언젠가 반납할 번호

일회용

나무젓가락은 한번 쓰면 버린다
종이컵도 한번 쓰고 버린다
휴지도 두 번 다시 쓸 수 없다
얼마 동안을 살든지
다시 한 번이 없는 인생

자기 존재 표현

말을 줄여야 한다면서
입술이 쉴 새가 없는
내 인격과 존재를 그렇게 드러낸다

말을 좀 했으면 하는
저 사람은 왜 입을 꾹 다물고 살까
자기 인격과 존재를 그렇게 드러낸다

밀물과 썰물

추억은 바닷물
출렁이며 밀려 왔다
허전하게 밀려 나가는
반복

바다 (2)

세상의 온갖 물이 죄다 흘러들어도
모두를 받아주는 마음
흙탕물, 공장 폐수
웬 도랑이 그리 넓은가
끌어안고 몸살을 앓는
그 깊이

두려움

나는 저를 아는데
저가 나를 몰라볼까 봐

나는 저를 친구로 여기는데
저가 나를 친구로 여기지 않을까 봐

지금

가장 적당한 때, 지금
생각난 일은 지금 해야 한다
지금 무릎 꿇고
지금 공부하고
지금 일하고
지금 사랑하자
후회하기 싫으면 지금
늦은 것 같아도 지금
언제나 가장 빠른 지금

제 3 부

물 한 모금

햇살

강물에 내려앉은 햇살
물 따라 흐르지 않고
가라앉지도
날아가지도 않고
여전히 물 위에 머무는 부드러움
당신의 은혜

고독

나는 많은 사람을 생각할 수 있는데
그들은 전혀 나를 기억치 않는 것 같다

감동

종달새의 지저귐이 노래 아닌가
풀벌레 우는 소리에 서글퍼지지 않는가

우리는 무엇으로
누구를 감동시키는가

물 한 모금

하늘을 우러러 본다
목구멍으로 넘기기 전에
물 한 모금 머금고

물 한 모금의 귀함
물 한 모금의 은혜
갈증 가시고 나면 잊혀질까
감사부터 미리 한다

한 모금의 물도 그냥 넘기지 않는
병아리의 겸손

거울

성경을 펴놓고
마음을 살핀다
검댕이 묻었나
거울을 보듯

세상의 빛

햇빛 아래서
있으나마나한 가로등
너희는 빛(마5:14)
세상이 어둡구나

소금(2)

유효기간이 따로 없는
세상 끝 날까지
우리는 소금

유통기간도 따로 없이
세상을 파고들어 산화하는
우리는 소금(마5:13)

영생을 생각한다

어둠에 누워 이불을 덮으면서
부활을 꿈꾸고

이불을 걷어차고 햇빛을 마시면서
영생을 생각한다

교만한 자의 복음서

마태복음
마가복음
누가복음
내가 복음
요한복음

열두 번

열두 번만 깎으면
한 해가 간다

열두 번만 받으면
한 해가 간다

깎고 깎아도 자라는 머리털
받고 받아도 모아지지 않는 월급

세월아

세월아
야금야금
내 육신의 진기를 앗아가는
너는 악마더냐

세월아
점점 내 영혼이 맑아지면서
하늘의 음성도 보게 되었음을
너는 아느냐

그렇게 평안할 수가 없다

걱정은 비를 맞기 전의 감정이다
기왕에 맞아 온몸이 젖어 버리면
아무리 더 맞아도
더 젖을 일도 없고 보면
오히려 평안하다
그렇게 평안할 수가 없다

주님의 사랑

눈을 감자

보고 싶으면
눈을 크게 뜨라
그래도 보이지 않으면
감으라

감아야
비로소 보이는 당신의 형상
세상이 보이지 않아야
비로소 나타나는
그 깊고 오묘한 진리

타임캡슐

가는 세월 아쉬워, 멈추게 할 수 없어
묶어두는 방법 고안해 냈네
땅을 파고 오늘을 묻어라
그리고 수백 년, 수천 년 흐른 후에
멈춰 있었던 세월을 꺼내 보리라
나도 들어가고 싶은
변질되기 전에 내 순수한 사랑
보존하고 싶은 그곳

나목裸木

나무는
다 벗어도 부끄럽지 않다
추워도 자유로운 게 낫다

바람

신명나게 또는 살랑살랑
나뭇잎을 춤추게 하는
바람잡이

우리는 누구를 춤추게 하는가

제 4 부

살벌한 세상

너 때문에

내 앞에
떡 버티고 서 있는
너 때문에
보이지 않는다
너보다 더 큰 이가
너보다 더 높은 산과
정의와 진리가

애국이라는 것

애국하지 않는 사람은 없다
어린이는 쑥쑥 자라면서
청소부는 싹싹 세상을 쓸면서
정치인은 슬슬 국민을 요리하면서

등산하는 정치인들에게

결국 지쳐서 다시 내려오고 말 걸
왜 오르려고 애쓰나?

살벌한 세상 (1)

경쟁競爭

생존경쟁生存競爭

무한경쟁無限競爭

살벌한 세상(2)

약육강식弱肉强食
정글법칙

살벌한 세상(3)

자연도태自然淘汰

적자생존適者生存

살벌한 세상(4)

예수도 십자가에 못 박은

다수결원칙多數決原則

삼별한 세상 (5)

공산주의共産主義
목적은 수단을 정당화 한다

아파트

숲이 우거진 도심
한 마리 새도 날아오지 않고
태풍에도 흔들리지 않는 견고한
벌레처럼
사람들만 서식하는 숲

걸어가라

걸어가라
멈추지 말고
길이 나 있으면 가라는 뜻이다
길이 없으면 길을 내라는 뜻이리니
곧은길을 내라
힘은 비록 들지라도
네 뒤를 따르는 사람이 있으리니

이상과 현실

이 밤에 그냥 잔다는 것은
소모일지 모른다는 생각에
밖으로 나왔다
쏟아지는 별빛이 차가웠다
오싹오싹 한기가 들었다
들어와 눕는다
이 밤에 떨고 있다는 것도
소모일지 모른다는 생각에

다짐과 고백

새 가족을 만나는 날마다
실망시켜 드리지 말아야지
진정한 나의 다짐

신앙생활 같이한 것을
훗날 후회하지 않도록 하겠습니다
엄숙한 나의 고백

안개 낀 새벽에

자욱이 안개 낀 새벽에
앞이 안 보인다고
제 자리에 서 있지 말라
가라
한 걸음, 한 걸음 옮겨라
흐릿하게나마
옮긴 만큼 주변이 보이고
드디어 태양이 떠오르리라

그녀의 침실

그녀가 혼자 산다는 것에
그러려니 했다
세상엔 혼자 사는 사람도 많으니까
그녀의 침실엔
하얀 시트가 깔려 있는
덩그러니 1인용 침대가 거기 있었다
그녀가 입원한 환자였던가?

에덴동산

지금도 존재하는 에덴동산
벌거벗었으나 부끄럽지 않은(창2:25)
대중목욕탕
우리만의 침실

개새끼

소가 새끼 낳으면 송아지
말이 새끼 낳으면 망아지
개가 새끼 낳으면 강아지
사람이 자식 낳으면 개새끼!

제 5 부

성숙을 위하여

집념

도대체
어디서부터인가
언제까지인가
밀려와 부딪치고
부딪쳐서 산산이 부서지는
거듭되는 네 실패
거듭되는 네 도전
언젠가 이룰 목표를 위해
네 열정은 지치지도 않는가
파도여

강물

건너지 못하고
바라만 보아야 하는
강물은
차라리 그리움입니다
가을 강가에 서면
물안개 사이사이로
그리움이 흘러갑니다
그리움이 흘러옵니다
강물도, 나도 지치지 않고
더러 출렁일 뿐입니다

무너진 5월

오랑캐처럼 밀치고 들어와
봄의 대지 유린한 점령군
꽃무리의 함성
그 향기에 무너진 5월

성숙을 위하여

꽃잎이 날린다
봄을 끌어내리는 꽃비
비로소 그 끝에 맺히는
아픔의 열매
성숙

분꽃

한낮엔 부끄러워 고개 숙이고
해질 무렵에 비로소
활짝 여는 꽃잎

수줍음이 곰삭아
까만 씨앗으로 영글고
그 순수가 어디로 가랴
안으로 모아진 하얀 분가루

봄

찬란한 빛으로 내리는 너
땅에서는 새싹으로 돋는다
상큼한 마파람
네 마음 실어 나르느라 여념이 없고
산책길에 우짖는 아침 까치
네 오는 길목을 지키고 있었구나
외투 벗어던진 소녀야
네 출렁이는 치마 밑으로
조옥 뻗은 두 다리가
보드라운 햇살에 눈부시다

봄에게

너는 백마白馬 탄 용사
언 땅을 뚫고나와 삭풍을 몰아낸다

너는 유약한 신부
화사함에 넘어간다

용맹을 자랑치 말라
부드러운 유혹을 조심하라

폭염

김치 담그려고 하루쯤
소금 뿌려놓은 배추포기들처럼
세상이 지금 숨을 죽였습니다
사지를 늘어뜨리고
그렇게 항복했습니다

어스름

하늘이 내려와 앉은 호수
석양을 향해 흐르는 구름
바람아 불지 마라
물결아 일지 마라
네 안에 잠들고자 하는 하늘
이제 막 별이 뜨기 시작하고
호수는 살그머니 수묵화 안에 든다

진눈깨비

조금만 더 머물고 싶은 아쉬움과
어서 찾아들어 자리하고 싶은 소망이
어울려 빚은
춘삼월의 합작품

변덕스럽다

오들오들 떨면서
지난여름의 무더위를 생각한다
그땐 이 겨울의 눈보라가 얼마나 그리웠던가

땀을 뻘뻘 흘리면서
지난겨울의 추위를 생각한다
그땐 이 여름의 무더위가 얼마나 그리웠던가

그림자 (1)

내가 빛에 다닐 때만 나타나는
너는 뼈도, 뇌도 없는 내 분신
그러나 내 행동의 복사본
그래서 나는 네가 때론 두렵다

고무줄

하루, 이틀은 지루하고
1년, 2년은 왜 서둘러 가는가
시간은 고무줄

외로움

그리움의 숙성된 언어
외로움
무슨 말이 필요하랴

동상이몽

삭풍처럼 밀고 내려온 인민군
단풍처럼 붉게 물들일 꿈을 꾸고 있다

태풍처럼 몰고 올라간 국군
신록처럼 파랗게 물들일 꿈을 꾸고 있다

판문점에 누워서

제 6 부

어리석은 사람

누가 짊어질 것인가

이제 누가 짊어질 것인가
예배당마다 서 있는
예수가 내려놓은 십자가

기도

기도氣道가 막히면
생명이 끊기고
영혼이 잠들면
기도祈禱가 끊기고

다리

강을 건너려면 다리
지붕에 오르려면 사닥다리
천국에 이르려면 예수

그림자·(2)

아, 그림자가 뒤따라 오네
내 행실이 따라 오네
그래도 두려워 말자
빛을 향하여 가고 있잖은가

승부와 용납의 차이

빛은 어둠을 사르고
어둠은 빛을 몰아내고

빛은 어둠에게 물려주고
어둠은 빛을 받아들이고

어리석은 사람 - 11

어리석은 사람. 1

바보
멍텅구리
천하보다 귀한 자기 생명
허접한 쓰레기를 위해 버린

어리석은 사람. 2

바보
멍텅구리
대접도 받지 못하면서
제자들의 발이나 씻어주는

어리석은 사람. 3

바보
멍텅구리
다 나누어주고
제 것 하나 챙기지 못한

어리석은 사람. 4

바보
멍텅구리
영광의 자리 버리고
천한 곳 스스로 찾아온

어리석은 사람. 5

바보
멍텅구리
바른 말 하고도
배 터지게 욕이나 얻어먹는

어리석은 사람. 6

바보
멍텅구리
그렇게 뛰어다니고도
집 한 칸 마련치 못한

어리석은 사람. 7

바보
멍텅구리
따르는 수많은 여인 있었어도
장가도 못 가고 오해만 산

어리석은 사람. 8

바보
멍텅구리
무엇이 그리 좋다고
남의 죄 대신 지고 죽나

어리석은 사람. 9

바보
멍텅구리
자기를 십자가에 못 박은
그 사람들을 위하여 용서를 빈

어리석은 사람. 10

바보
멍텅구리
자기를 팔아먹을 자인 줄 알면서도
끝까지 사랑한

어리석은 사람. 11

바보
멍텅구리
거짓으로 고소하는 걸 알면서도
변명 한 마디 않은

분주한 날의 여백

2015년 11월 1일 1판 1쇄 인쇄
2015년 11월 5일 1판 1쇄 발행

지 은 이 전 종 문
펴 낸 이 심 혁 창
편집위원 원 응 순
디 자 인 홍 영 민
마 케 팅 정 기 영

펴낸 곳 **도서출판 한글**
서울특별시 서대문구 신촌로 27길 4호
☎ 02) 363-0301 / FAX 02) 362-8635
E-mail : simsazang@hanmail.net
등록 1980. 2. 20 제312-1980-000009

GOD BLESS YOU

정가 **10,000원**

*

ISBN 97889-7073-512-2-03130